Carretilla frontal contrapesada

Normas de uso y seguridad

Con la colaboración de:

www.logisnet.com

Índice

La carretilla frontal contrapesada es una máquina automotriz y autónoma, operada por una persona que se sienta en ella, con capacidad para recoger, transportar, elevar y depositar una carga unitaria a nivel del suelo o apilada, manteniendo el equilibrio longitudinal y transversal en su trabajo.

La carga se transporta y manipula sobre una horquilla, en voladizo, es decir por el área exterior del polígono de sustentación de la carretilla, formado por el perímetro que delimitan las ruedas sobre las que se apoya. Este factor determina el diseño de la carretilla, que necesita de un contrapeso que equilibre el peso de la carga que lleva en voladizo.

El contrapeso impide que la carretilla se incline a medida que la carga se eleva, se baja o se transporta, y amortigua las inercias que se producen durante su trabajo. De acuerdo con el principio de la palanca, un contrapeso potente situado cerca del punto de apoyo de una máquina, como la grúa, tiene un efecto igual al de uno más ligero, alejado del punto de apoyo.

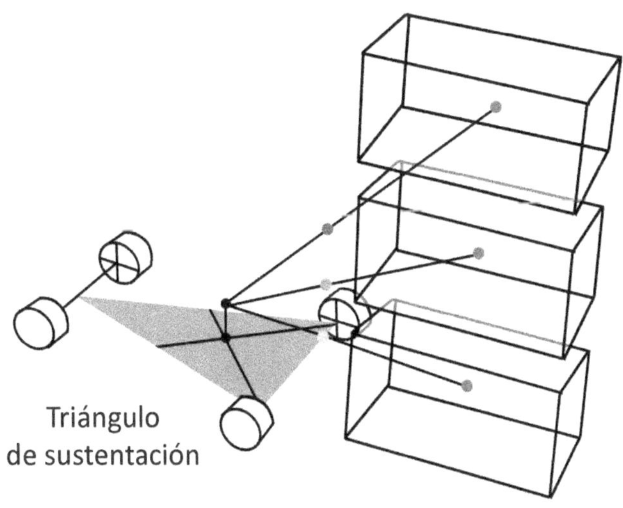

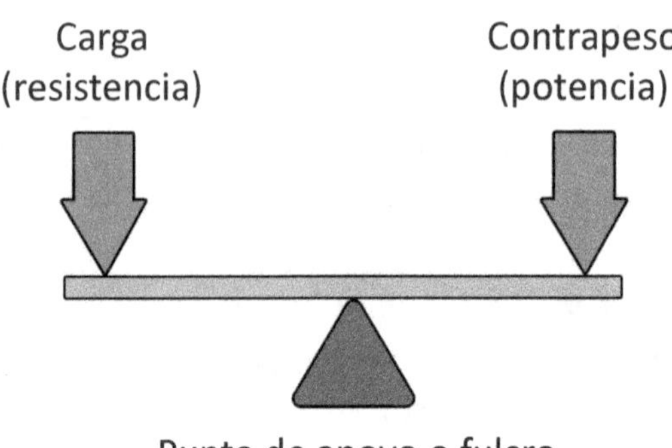

Aplicaciones

La carretilla frontal contrapesada es muy versátil y puede adaptarse a casi cualquier entorno de trabajo, desde el logístico e industrial hasta el de la construcción o la agricultura, utilizando motorizaciones térmicas o eléctricas, diferentes trenes de rodadura y distintas configuraciones de chasis.

Estabilidad

La estabilidad de la carretilla permite que se mantenga en equilibrio estático y dinámico sobre su tren de rodadura.

El principio de la palanca es el fundamento físico básico que interviene en la concepción de una carretilla frontal contrapesada. Cuando la carga se transporta en voladizo, el centro de gravedad resultante de la unión de la carretilla y la carga manipulada debe proyectarse dentro del polígono de sustentación para mantener el equilibrio, en caso contrario se perderá la estabilidad y se podría volcar.

La persona que opera la carretilla debe ser capaz de evaluar las cargas que manipula y saber interpretar el **diagrama de carga** de la carretilla, entendiendo que el peso y la posición de la carga en la horquilla, tanto en distancia como en altura, afectan a la estabilidad de la máquina.

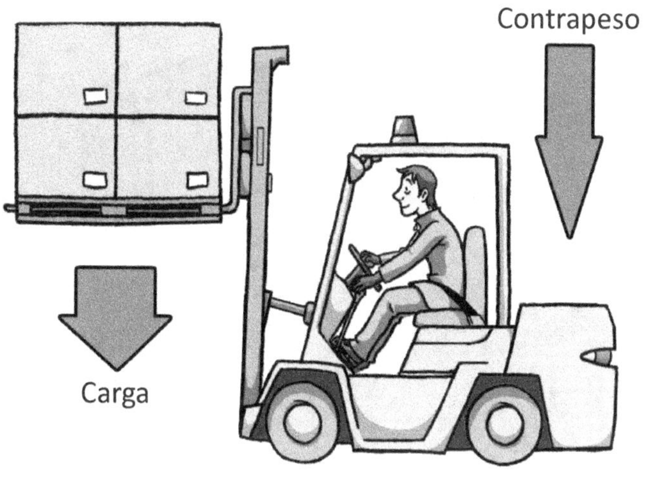

Diagrama de carga

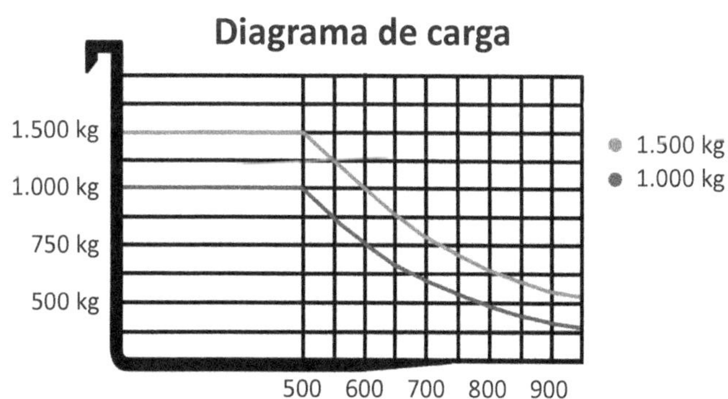

Centros de gravedad de la carga, en milímetros

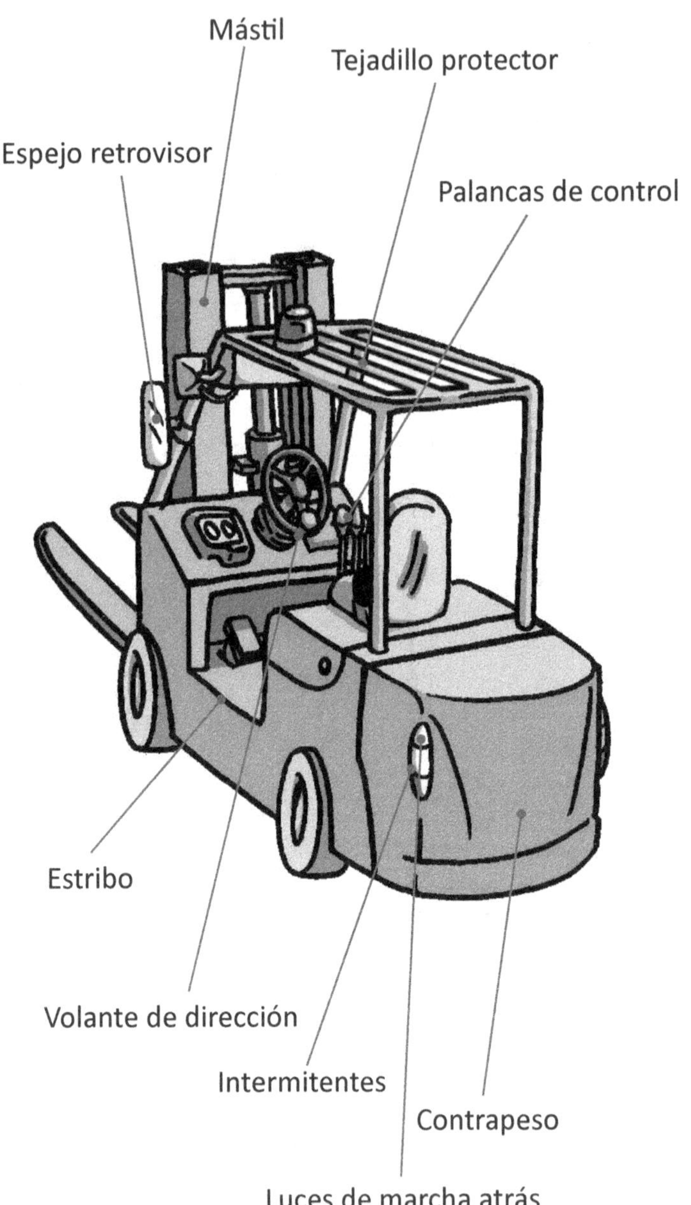

Mástil
Tejadillo protector
Espejo retrovisor
Palancas de control
Estribo
Volante de dirección
Intermitentes
Contrapeso
Luces de marcha atrás

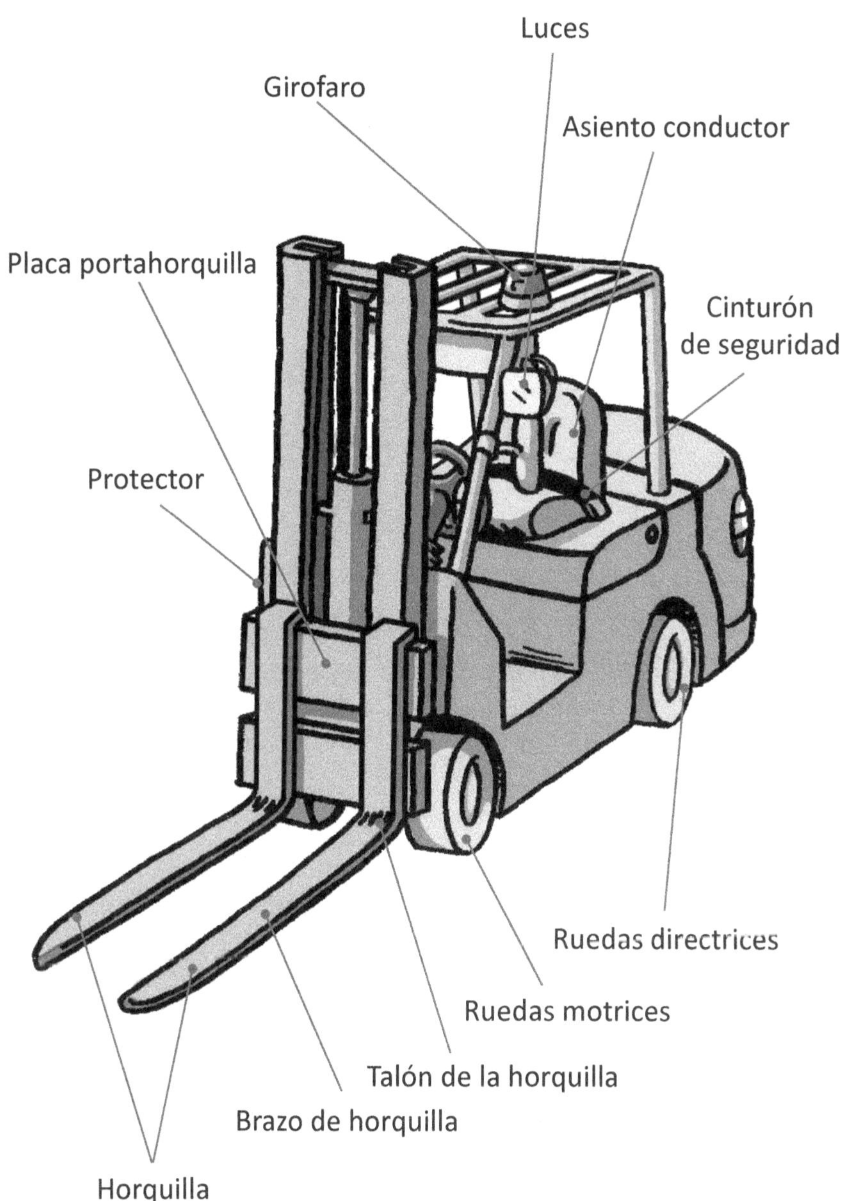

Luces
Girofaro
Asiento conductor
Placa portahorquilla
Cinturón de seguridad
Protector
Ruedas directrices
Ruedas motrices
Talón de la horquilla
Brazo de horquilla
Horquilla

- Pueden utilizar carretillas elevadoras todas las personas mayores de 18 años que hayan recibido una formación adecuada, con la duración y los contenidos adaptados a la carretilla que se vaya a utilizar y a las tareas que se deban desarrollar.

- La formación debe incluir conocimientos teóricos y prácticos sobre prevención de riesgos en la utilización de carretillas elevadoras.

- La formación ha de ser impartida por profesionales especializados, con procedimientos que faciliten al operador o a la operadora la adquisición de las habilidades requeridas para su puesto de trabajo, con el soporte de la documentación que la legislación exige.

- Cuando ya se dispone de la formación adecuada, la empresa en la que se va a trabajar es quien debe autorizar la utilización de las carretillas elevadoras. Para ello, es recomendable seguir los siguientes pasos:

1. Realización de un examen médico que cualifique a la persona como apta para operar con carretillas elevadoras.

2. Realizar una prueba de habilidad que confirme la capacitación suficiente para el manejo de la máquina.

3. Repasar con detalle las normas de seguridad y prevención de la empresa y del lugar de trabajo.

Un EPI es un equipo o complemento de protección individual que el trabajador o la trabajadora deben llevar o sujetar para protegerse de algún riesgo que pueda amenazar su seguridad o su salud.

Casco
Protege la cabeza de golpes y caída de objetos.

Protectores auditivos
Protegen el oído de los ruidos (contaminantes acústicos). Deben usarse en salas de motores, bombas, calderas, compresores y grupos electrógenos y, en general, en zonas con niveles elevados de ruido.

Gafas protectoras
Protegen los ojos frente a las salpicaduras de productos químicos y la proyección de fragmentos y partículas. Deben usarse en todos los trabajos en los que exista riesgo de contacto con estos productos o partículas.

Guantes de protección
Protegen de golpes, cortes, contacto con productos químicos y de contactos eléctricos.

Ropa adecuada (antiestática, térmica, etc.)
Ha de proteger frente a los riesgos del entorno, como por ejemplo las temperaturas extremas y la generación de chispas de electricidad estática, entre otras eventualidades.

Chaquetón/chaleco reflectante
Protege de la lluvia y el frío, permite visibilizar la presencia de quien lo lleva y reduce el riesgo de resultar atropellado.

Calzado de seguridad
Protege de golpes y de la penetración de líquidos gracias a su suela antiperforación y antipinchazos, además de ser antideslizante, resistente a la abrasión y antiestático.

Casco
Protectores auditivos
Gafas protectoras
Chaquetón/chaleco reflectante
Guantes de protección
Calzado de seguridad
Ropa adecuada

Antes de empezar a trabajar debe realizar una **inspección del estado de la carretilla,** con el fin de detectar posibles anomalías que puedan poner en peligro su seguridad y la de otras personas.

Al aproximarse a la carretilla, haga una inspección visual del estado general de la máquina y verifique los circuitos hidráulicos y las posibles pérdidas de líquido.

También debe verificar el estado y anclaje de las ruedas, y si las llantas tienen golpes o defectos.

Verifique el estado del mástil, de las cadenas y los enganches y, sobre todo, de los brazos de la horquilla y placa portahorquillas. Preste atención al desgaste del talón de la horquilla.

Si la carretilla es eléctrica, debe verificar el nivel de electrolito de la batería y el estado de los cables y conectores. Al subir a la carretilla, revise también el nivel de carga en el indicador.

Si va a utilizar una carretilla térmica, antes tiene que controlar los niveles de aceite, líquido de frenos, refrigerante y combustible.

Tras estas comprobaciones, puede subir a la carretilla utilizando para ello los asideros que lleva instalados. Una vez se haya sentado, ajuste la distancia y altura del asiento y **póngase el cinturón de seguridad.** Arranque el motor prestando especial atención a los sonidos característicos de la carretilla.

Revise el funcionamiento de los indicadores del cuadro de mando de la carretilla.

Verifique el correcto funcionamiento de las luces y del sistema de iluminación de seguridad tipo luz girofaro o intermitente.

Accione las palancas y compruebe los movimientos de la horquilla: elevación, inclinación y desplazamiento lateral.

Por último, revise el funcionamiento del claxon y de la señal acústica de marcha atrás. Ponga en movimiento la carretilla avanzando y retrocediendo para comprobar el sistema de dirección y los frenos de servicio y estacionamiento.

Si durante la revisión o el trabajo con la carretilla detecta algún defecto de funcionamiento, debe comunicarlo de inmediato al responsable del servicio.

Al trabajar con una carretilla nos exponemos a una serie de **situaciones de riesgo** que pueden provocar accidentes. Es importante conocer estos riesgos para poder evitarlos.

Riesgo de contactos eléctricos, directos e indirectos.

Caídas al subir o bajar de la carretilla.

Quedar atrapado por partes móviles de la carretilla.

Golpes con partes móviles o fijas de la carretilla.

Caídas de personas al elevarlas con la carretilla.

Al maniobrar en un pasillo puede arrollar o golpear a una persona.

Caída de la carga manipulada sobre peatones que se encuentren cerca de la carretilla.

Si circula sin visibilidad puede chocar con otra carretilla o atropellar a un peatón.

Respete las normas de circulación para no exponerse a atropellos y choques.

Si se distrae y no presta atención al manejo de la carretilla puede ocasionar un accidente grave.

Circular con la horquilla inclinada hacia abajo puede provocar un accidente que cause serios desperfectos en la carretilla.

Si circula con la carretilla transportando a otra persona, ésta puede sufrir una caída de consecuencias graves.

Puede golpearse gravemente si circula con alguna parte del cuerpo fuera del habitáculo de la carretilla.

Al pasar por encima de obstáculos puede perder la estabilidad de la carga y de la carretilla.

Al tomar una carga con un peso superior a la capacidad de la carretilla.

Al frenar bruscamente, también con el riesgo de dañar la carga.

Tomar giros a excesiva velocidad o realizarlos con la carga elevada.

Por circular con la carga elevada.

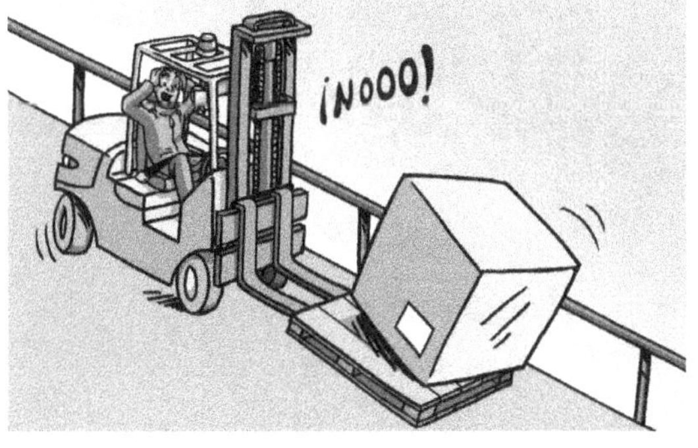

Al subir o bajar una rampa de manera incorrecta.

Manipular cargas mal
distribuidas sobre la horquilla.

Al circular por suelo en mal
estado o deteriorado.

Muchas de estas situaciones pueden dar
como resultado accidentes muy graves,
incluso mortales.

Hemos visto algunos de los riesgos más comunes que pueden afectar al trabajo con carretillas elevadoras. Para evitarlos, además de aplicar la máxima atención y profesionalidad, repasaremos a continuación algunas de las **normas básicas de utilización** de las carretillas.

Al subir o bajar de la carretilla agárrese del asidero, nunca del volante.

Abróchese el cinturón de seguridad y regule su asiento para evitar la fatiga y las lesiones musculares.

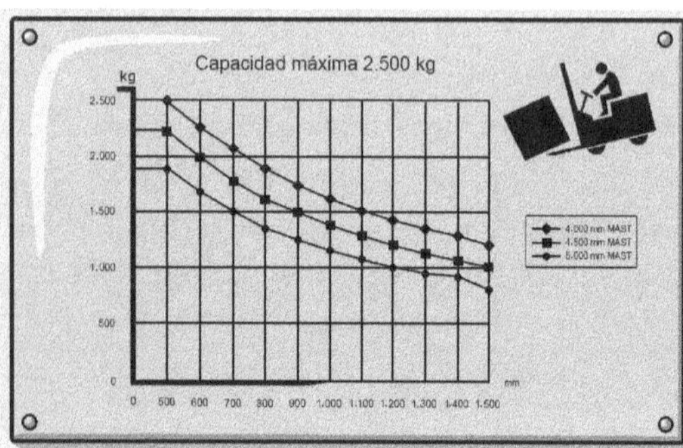

Debe conocer la ubicación exacta del diagrama de carga de su carretilla y saber interpretarlo.

Revise el estado de la carga y estabilícela si fuera necesario, utilizando flejes o plástico retráctil, por ejemplo.

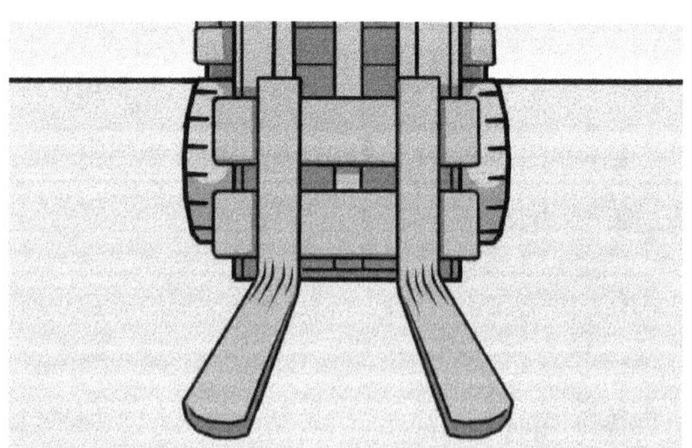

Recuerde manipular las cargas con el desplazador centrado y el peso distribuido de manera equilibrada sobre la horquilla.

Debe circular con la horquilla baja, a unos 15 cm del suelo, y un poco inclinada hacia el puesto de conducción, con o sin carga.

Si la carga que manipula le dificulta o impide la visión en marcha hacia adelante, debe circular marcha atrás, girando el tronco hacia la parte derecha y prendiendo con el brazo el respaldo del asiento.

Al llegar a lugares con poca visibilidad, como un cruce de pasillos o la entrada a un almacén, por ejemplo, haga sonar el claxon, reduzca la velocidad y párese si fuera necesario.

Respete las normas de circulación establecidas por la empresa.

Mantenga el pavimento y las zonas de circulación en buen estado, retire la suciedad y señalice los desperfectos.

No transporte o eleve a nadie con la carretilla, puede causar un accidente grave o incluso mortal. Recuerde que usted es el responsable de la utilización de la carretilla.

Asegúrese de que los peatones se encuentran a una distancia segura de la carretilla mientras circula o cuando realiza maniobras.

Circule con todas las extremidades dentro del habitáculo de la carretilla.

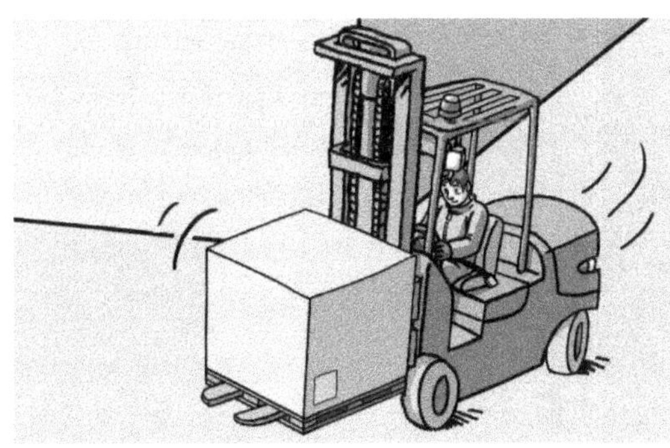

Efectúe los giros y tome las curvas a velocidad moderada, y siempre con la carga o las horquillas en posición de circulación.

Al subir o bajar pendientes, encare la horquilla con la carga hacia la parte más elevada de la rampa. Al subir debe circular marcha adelante, pero baje circulando marcha atrás. Si circula sin carga puede subir o bajar marcha adelante.

Si ha de estacionar o parar, asegúrese de dejar la carretilla fuera de la zona de circulación y con la horquilla en posición de estacionamiento.

Las maniobras de **colocación o retirada de una carga** de una estantería requieren tener en cuenta unas normas básicas.

1.

Sitúese frente al lugar de ubicación o extracción, coloque el freno y ponga en punto muerto el motor.

2.

Coloque el mástil en posición vertical, eleve la carga hasta la altura de estiba en la estantería y añada unos centímetros de más.

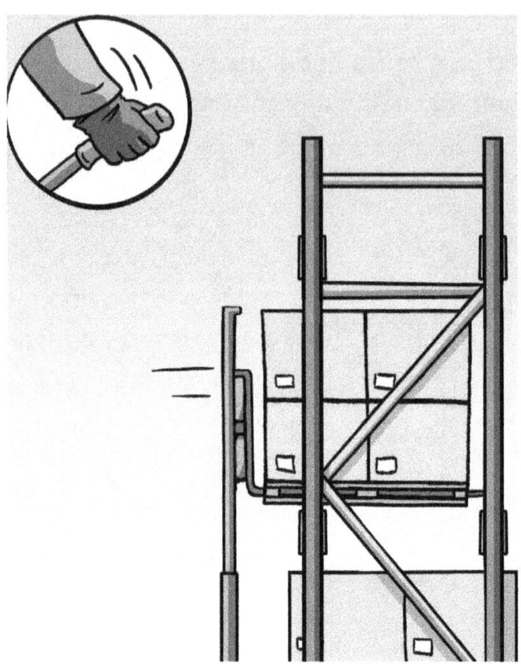

3.

Quite el freno de mano y avance suavemente haciendo entrar la carga en el espacio de ubicación. No arrastre el palé sobre los largueros de la estantería.

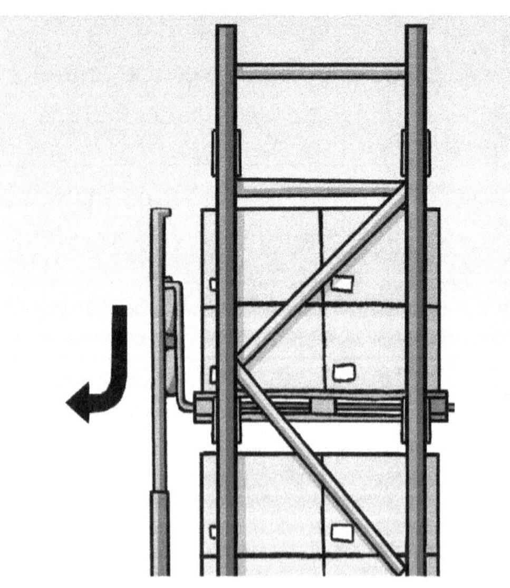

4.

Después de introducir la carga hasta la profundidad adecuada, accione de nuevo el freno de mano y hágala descender suavemente hasta que el palé repose sobre los largueros de la estantería. A continuación, siga bajando unos centímetros más la horquilla para separarla de la base del palé.

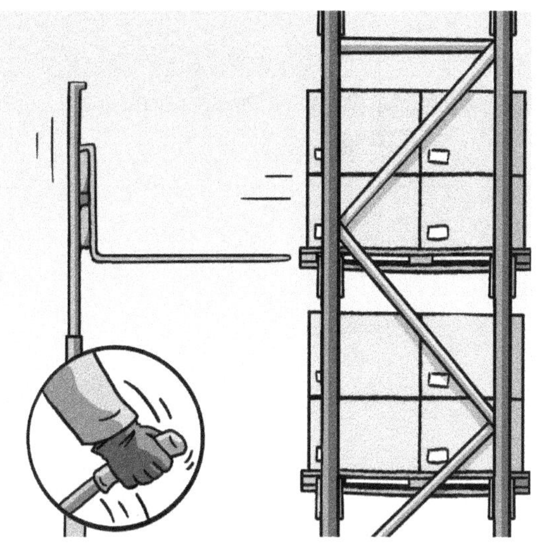

5.

Quite el freno de mano, ponga la marcha atrás y compruebe que no haya nadie detrás de la carretilla. Retroceda lentamente hasta que la horquilla se encuentre separada de la carga y de la estantería. Vuelva a poner el freno de mano y deje el motor en punto muerto.

6.

Baje suavemente la horquilla hasta unos 15 cm del suelo, incline ligeramente el mástil hacia atrás, quite el freno de mano y dispóngase a circular.

Para llevar a cabo la maniobra de **extracción de una carga paletizada,** debe seguir los mismos pasos que hemos descrito pero realizándolos en orden inverso.

La maniobra de colocación o retirada de una carga sobre otra carga apilada se efectúa de manera muy parecida a la maniobra en estantería.

Apilado

Sitúese delante de la pila y eleve la carga con el mástil un poco inclinado hacia atrás. Una vez haya superado la altura donde ha de ubicarse la carga, avance, ponga el mástil vertical y colóquela en su ubicación final. Asegúrese de no presionar la carga inferior con la horquilla.

Ha de tenerse en cuenta que en este caso se debe inclinar ligeramente el mástil hacia atrás y prestar atención a no presionar las cargas que se encuentren debajo de la carga que se extrae o coloca.

Desapilado

Sitúese delante de la pila, eleve la horquilla con el mástil vertical e introdúzcala bajo el palé que ha de tomar. Eleve e incline ligeramente hacia atrás el mástil, retroceda hasta poder bajar la carga hasta 15 cm del suelo y a continuación circule con normalidad.

No sitúe nunca una carga delante de un elemento que entrañe peligro o que pueda utilizarse como protección.

Un armario eléctrico

Un sistema contra incendios

Una salida de socorro

Al finalizar la jornada debe asegurarse de dejar la carretilla en **óptimas condiciones de uso.** De esta manera alargaremos la vida del equipo y mejoraremos su rendimiento y la calidad del trabajo.

Si es necesario poner a cargar la batería, llévela a la zona de carga y revise el nivel de electrolito de los elementos. Utilice para ello los EPI correspondientes. Limpie cualquier suciedad que haya podido quedar en la superficie de la batería y revise el estado de los cables y conectores.

Una vez revisados, conecte la batería al cargador y deje los conectores y los cables fuera de la zona de circulación para evitar que sean pisados o enganchados por otras máquinas.

Espere y compruebe que el proceso de carga comienza de manera adecuada.

En caso de utilizar una carretilla térmica, compruebe el nivel de combustible y déjela preparada para el siguiente turno o para su próxima jornada. Llene de combustible el tanque o cambie la bombona de gas si fuera necesario.

Si la carretilla no necesita proceso de carga o si ya ha recargado combustible, puede aparcar la carretilla en la zona asignada. Accione el freno de mano y retire las llaves de contacto, si así lo establecen las normas de la empresa.

Si durante la jornada ha detectado deficiencias en la carretilla, anótelas en la cartilla de mantenimiento. En caso de anomalía severa, comuníquelo de manera inmediata a su responsable.

> Marque con una cruz los círculos de las viñetas que muestren **situaciones de riesgo laboral** que podrían evitarse.

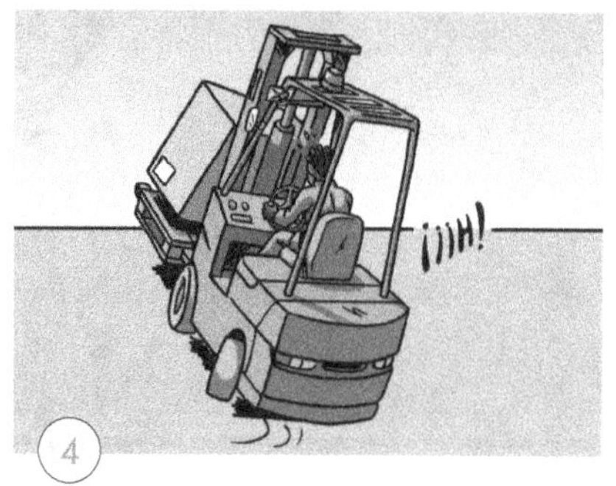

13
14
15
STOP
16
17
18
¡CUIDADO!
¿EH?

Para una visión global en el manejo de una carretilla frontal contrapesada hay que tener en cuenta los siguientes conceptos y elementos que pueden intervenir al trabajar en almacenes y centros de producción.

almacén

Espacio físico, recinto cubierto o descubierto, edificio, etc., acondicionado para recepcionar, albergar y custodiar materiales y mercancías, bien sean materias primas, productos semielaborados o terminados y preparados para su distribución, y que permite su clasificación, manipulación y control.

Un almacén debe disponer de zonas diferenciadas para:

- Carga y descarga de vehículos.
- Recepción de mercancías.
- Almacenaje.
- Manipulación y acondicionamiento de productos.
- Preparación de pedidos.
- Expedición.

almacenamiento

Ejecución de los movimientos de entrada o salida de una mercancía en un almacén, donde se incluyen las operaciones de traslado de la misma a o desde su ubicación, carga o descarga y colocación o extracción, y la de gestión de la información inherente a su movimiento.

almacenamiento con pasillos y carretillas elevadoras contrapesadas

Sistema de almacenamiento convencional, con pasillos entre pilas o estanterías, que utiliza carretillas elevadoras contrapesadas con conductor sentado como elemento de manutención.

Almacén con pasillos y carretillas elevadoras.

almacenamiento en bloque

Sistema de almacenamiento por agrupamiento y compactación de las mercancías, bien por apilado directo de las cargas o mediante su colocación en estanterías, dispuestas o no sobre palés.

Almacenamiento de mercancías en bloque.

almacenamiento en bloque compacto

Sistema de almacenamiento por agrupamiento y compactación de las mercancías formando pilas que se colocan unas junto a las otras, sin pasillos entre las pilas.

almacenamiento en bloque sobre estanterías

Sistema de almacenamiento en bloque que utiliza estanterías compac-tas o dinámicas para el depósito de las cargas.

almacenamiento en pilas

Sistema de almacenamiento que consiste en el apilado directo de las unidades de carga unas sobre otras, dispuestas o no sobre palés. La capacidad de carga en altura está limitada por la resistencia de soportar cargas de la unidad inferior. Las unidades de carga más adecuadas para este sistema son las que presentan gran resistencia interna y las contenidas en envases rígidos.

Sacos apilados en un almacén.

apilar

Poner una carga sobre otra formando una o varias pilas.

carga

Cantidad o conjunto de mercancía que se transporta en un vehículo o medio de transporte, o que se manipula mediante un elemento de manutención.

carga consolidada
Mercancía que junto con otras se acondicionan como una única unidad física de manipulación y circulación (sobre un palé y dispuesta en un contenedor, por ejemplo), con el fin de facilitar su expedición y transporte hacia un destino común.

carga paletizada
Mercancía colocada sobre un palé dispuesto para ser almacenado o trasladado por cualquier elemento mecánico de manutención o medio de transporte.

cargar
Recoger, colocar, depositar, embarcar o poner en un medio de transporte las mercancías para transportarlas.

carretilla
Elemento de manutención usado para recoger, transportar y depositar o estibar unidades de carga (palés, contenedores, etc.) o graneles.

carretilla con pinzas
Carretilla elevadora provista de pinzas que pueden sujetar la carga por presión lateral, utilizada para la manipulación de mercancías voluminosas sin paletizar, como bobinas o bidones, por ejemplo.

Manipulación de una bobina mediante una carretilla con pinzas.

carretilla contrapesada
Carretilla elevadora de apilado, equipada con horquillas u otros dispositivos (pinzas, postes, etc.), que opera según la ley de la palanca. El punto de apoyo se corresponde con el eje de las ruedas delanteras, de modo que la carga queda equilibrada por el peso de la parte de la máquina que queda detrás de este eje. Puede estar accionada por un motor eléctrico (alimentado por baterías recargables) o bien por un motor

Carga de un camión con una carretilla contrapesada.

térmico (alimentado con gas licuado, gasoil o gasolina). Puede disponer de un desplazador lateral, que reduce la cantidad de movimientos necesarios para posicionar la carga.

consolidación de contenedores

Operación de llenado de los contenedores de transporte para su posterior expedición.

contenedor apilable

Contenedor dotado de patas o soportes que permite ser colocado

Contenedores metálicos apilables.

sobre otro de su mismo tipo para formar una pila de almacenamiento.

contenedor de transporte

Recipiente de transporte de carácter permanente y capacidad interior no menor de un metro cúbico, capaz de asegurar un uso repetido, sin ruptura de la carga en caso de trasbordo a diferentes modos o vehículos de transporte.

Existen modelos de contenedor diseñados para cada necesidad del transporte, provistos de dispositivos que permiten un manejo adecuado, particularmente en el traspaso entre modos de transporte, y un fácil llenado y vaciado. Se utilizan cinco tamaños principales: de 45, 40, 30, 20 y 10 pies, con capacidad para mercancías con un peso de 40, 30, 25, 20 y 10 t, respectivamente. Su anchura exterior es de 8' y la altura, de 8'6" o 9'6" (en cuyo caso se considera de gran capacidad).

El contenedor de carga general es el de uso más frecuente, para cargar mercancía seca y unitizada mediante palés, cajas, barriles, etc. Es estanco y cerrado, con suelo, techo y paredes laterales y de los extremos rígidos. Está dotado de puertas en el testero y se carga a través de ellas con ayuda de carretillas o transpalés. Su anchura exterior es de 8' y su longitud exterior puede ser de 20, 40 o 45', y la altura, de 8'6" o 9'6" (en cuyo caso se considera de gran capacidad).

*Contenedor de techo abierto
(open top).*

diagrama de carga

Esquema representado mediante una placa en las carretillas elevadoras en el que se indican las cargas nominales admisibles para las distintas situaciones de manejo. El diagrama de carga permite calcular la capacidad residual de carga de la carretilla, dependiendo del centro de gravedad de la carga, de la altura a la que deba elevrse y de los implementos que lleve montados.

estantería

Elemento modular articulado para el almacenaje de productos formado por una estructura metálica sustentada por pilares y estantes riostrados. Con ello se construye una retícula tridimensional que permite la colocación de unidades de carga en sus celdas.

Las estanterías pueden ser:

- Convencionales o *racks.*
- En voladizo o *cantilevers.*
- Compactas o *drivers.*

estantería para paletización compacta

Estantería dispuesta formando bloques con calles interiores para permitir la circulación de las carretillas y provistas de carriles para el apoyo de los palés. Estas estanterías se emplean especialmente para cargas homogéneas. Pueden ser de dos tipos: *drive-in* (conducir dentro) y *drive-through* (circular a través de).

estantería para paletización convencional

Estantería formada por bastidores laterales, que se anclan al suelo, y vigas transversales, para el almace-

Estantería para cargas paletizadas.

namiento de cargas paletizadas o en contenedor, o de cargas destinadas a realizar la preparación de pedidos.

estantería en voladizo

Estantería para el almacenamiento de cargas largas, por ejemplo, barras metálicas. Está formada por pilares de perfiles laminados, anclados al suelo y arriostrados entre sí, y provistos de ménsulas voladas de forma triangular. En el caso de mercancías ligeras, el almacenamiento y la recuperación pueden efectuarse manualmente; en caso contrario, se utilizan carretillas contrapesadas u otros elementos de manutención.

Estanterías en voladizo o cantilever.

estiba

1. Acción de colocar una unidad de carga en su ubicación en un almacén.

2. Operación de movimiento de la mercancía, mediante su manipulación, distribución y colocación adecuadas en una unidad de transporte de carga (contenedor de transporte, caja del camión, etc.) para evitar o minimizar su posible daño, facilitar las descargas y proteger a las personas o las cosas.

existencia

Cantidad disponible de un determinado producto (ítem), almacenado y listo para ser vendido, distribuido o utilizado.

europalé

Palé de cuatro entradas y de dimensiones 800 × 1.200 mm utilizado generalmente en Europa.

horquilla

Elemento metálico usado por las carretillas y otros elementos de manutención para recoger y sustentar las cargas. Introduciéndose entre los huecos de los patines del palé permite recogerlo para su transporte.

Carretilla elevadora de gran capacidad con horquillas.

logística

Proceso de planificación, gestión y control de los flujos de materiales y productos, informaciones y servicios relacionados con dicho proceso. Distingue los subprocesos de aprovisionamiento, producción, distribución y de logística inversa, e incluye los movimientos internos y externos, así como las operaciones de importación y exportación.

logística de aprovisionamiento

Parte del proceso logístico referida a las actividades de compra, recepción, almacenamiento y distribución interna de insumos de productos, tendentes a posicionarlos en el momento, la cantidad y el lugar donde se necesitan.

logística de distribución

Parte del proceso logístico que abarca el flujo físico de productos terminados desde el lugar de producción hasta el de consumo. En función de la estructura organizativa en la que se integra, puede abarcar otras áreas de la logística como la previsión de ventas, la planificación de la producción, la cadena de transporte, el almacenamiento, el proceso de los pedidos, la distribución capilar, la recuperación de residuos e incluso el servicio de atención al cliente.

logística de entrada

Engloba las actividades asociadas a la recepción, el almacenamiento y la distribución interna de insumos del producto.

manipulación

Operación manual o mediante elementos mecánicos a que se someten las mercancías o los productos (a granel, de manera individual o en unidades de carga) durante la cadena logística, diferente del transporte o el almacenamiento, con el fin de realizar adecuacion, trasiegos o traslados en los trabajos de unitización, trasvase, envase o embalaje, recepción o expedición, carga o descarga, estiba o desestiba, preparación de pedidos, etc.

medio palé

Palé de dimensiones 600 x 800 mm, equivalentes a las de medio europalé.

mercancía

Es el elemento o producto objeto del transporte, susceptible de ser manejado, almacenado, trasladado, movido y trasladado o enviado.

mercancía cilíndrica

Mercancía que se maneja arrollada mediante un mandril, una estructura metálica o de madera, o directamente, conformando una bobina. Son mercancías cilíndricas las bobinas de papel y cartón, las de chapa, las de cable y los rollos de alambrón.

Manipulación de mercancía cilíndrica con carretilla elevadora.

mercancía de temperatura controlada

Todo tipo de mercancía que necesite de algún sistema de control de su temperatura durante los procesos de manipulación, almacenamiento, transporte y distribución comercial. Se clasifica en: refrigerada, congelada o ultracongelada y en caliente.

mercancía húmeda

Mercancía que contiene líquidos o que por su naturaleza puede producirlos y que no está sujeta a la reglamentación de mercancías peligrosas.

mercancía laminar

Mercancía formada por láminas de materiales que pueden ser rígidos o flexibles, frágiles o resistentes. Son mercancías laminares las láminas de chapa metálica, las de plástico, las de vidrio o las de amianto.

mercancía peligrosa

Material o sustancia nocivo o perjudicial, embalado, a granel o en embalajes para graneles, que durante su transporte o manipulación puede generar o desprender residuos, humos, gases, vapores o polvos de naturaleza peligrosa, ya sea explosiva, inflamable, tóxica, infecciosa, radiactiva, corrosiva o irritante. Se deben incluir los embalajes sin limpiar que hayan contenido mercancías peligrosas.

Existen convenios internacionales que las regulan, como el Convenio ADR, el Código IMDG, las Reglas IATA DGR, el Convenio RID, el Convenio Marpol.

Las mercancías peligrosas constituyen un riesgo importante para la salud, el medio ambiente, la seguridad y la propiedad.

mercancía perecedera

Cualquier tipo de mercancía que pueda deteriorarse después de un período de tiempo determinado, o por estar expuesta a temperaturas diversas, humedades u otras condiciones adversas. Las mercancías perecederas pueden ser productos sanitarios, alimentarios e incluso de uso industrial que precisan de unas condiciones especiales, de un control técnico determinado y de unos parámetros de salubridad y de temperatura regulada para su conservación, almacenamiento, transporte, carga y descarga. Su transporte internacional se regula por el Acuerdo ATP.

mercancía refrigerada

Mercancía perecedera (verduras, carnes, fármacos, frutas, etc.) que precisa de unas condiciones especiales de mantenimiento y refrigeración a temperatura controlada, por encima de su punto de congelación, durante el período de transporte o almacenamiento.

mercancía tubular

Mercancía formada por tubos de diferente extensión y diámetro, que pueden estar fabricados con materiales rígidos (metálicos o de hormigón) o semirrígidos (plástico duro).

muelle de carga-descarga

Equipamiento construido en almacenes y centros de distribución para facilitar la carga y descarga de vehículos y el acceso de las mercancías a la zona de almacenamiento. Habitualmente, el muelle de carga-descarga se sitúa al nivel del almacén, por encima de la altura de las ruedas traseras del camión, y puede colocarse de modo que quede unido al almacén y disponga de puerta de acceso, o bien se separe del almacén mediante un andén.

palé

Elemento portátil para constituir cargas unitarias, formado por una plataforma horizontal, con entrada para las horquillas de las carretillas u otros aparatos de manutención. En algunos países de América Latina se conoce como tarima. Puede ser de madera, metal, plástico, cartón,

Palé de dos entradas para las horquillas, de cara única, no reversible.

Palé de dos entradas para las horquillas, de dos caras, reversible.

Palé de cuatro entradas para las horquillas, de doble cara no reversible.

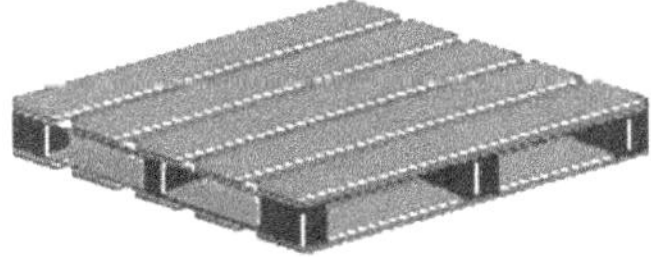

Palé de cuatro entradas para las horquillas, de doble cara reversible.

Tipos de palés de madera.

y ser reutilizable o no. Los formatos de palé más comunes son:

- ISO o americano (1.000 x 1.200 mm).
- Europalé (EUR) (800 x 1.200 mm).
- 600 x 800 (medio palé).
- 1200 x 1800 (palé marítimo).

- **Tipos de palé:**
  - Dos entradas, doble cara reversible.
  - Dos entradas, doble cara no reversible.
  - Dos entradas, cara única no reversible.
  - Cuatro entradas, doble cara reversible.
  - Cuatro entradas, doble cara no reversible.

- **Otras características:**
  - *Reversibles.* Las partes superior e inferior del palé son iguales y las mercancías pueden colocarse, indistintamente, sobre cualquiera de las dos caras.
  - *No reversibles.* Cuando las partes superior e inferior del palé son desiguales.
  - *Con pestañas.* Pueden tener salientes para fines diversos:

la colocación del fleje, la sujeción de una película plástica estirable, etc.
  - *Sin pestañas.* Sin salientes.

palé americano

Palé de cuatro entradas y de dimensiones 1.000 x 1.200 mm, optimizadas para el transporte en contenedores de 20' y 40'.

palé caja

Palé generalmente apilable, con al menos tres paredes verticales enterizas o caladas, fijas, plegables o desmontables, provisto o no de cubierta.

Modelos de palés caja.

palé de cuatro entradas

Palé cuyo diseño permite el paso de las horquillas de los elementos de manipulación por sus cuatro lados.

palé de dos entradas

Palé cuyo diseño sólo permite el paso de las horquillas de los elementos de manipulación por dos lados opuestos.

palé sobre ruedas

Palé fabricado con perfiles y alambres de acero, provisto de una estructura sobre ruedas que permite arrastrarlo a modo de remolque, pero que también puede ser tomado por las carretillas elevadoras. Puede disponer de varios niveles o estar formado por los soportes laterales. Se utiliza especialmente cuando las mercancías se han de entregar o recoger en lugares que no disponen de recursos mecánicos de carga y descarga.

paletizar

Reunir uno o más paquetes, bultos, cajas, etc., acondicionados sobre un palé, fijando la carga a este mediante flejes, cartón, madera, retractilado plástico o cualquier otro sistema de sujeción, con la finalidad de incrementar su seguridad, evitando desplazamientos internos, robos o averías.

peso máximo apilable

Peso máximo admisible en el apilamiento de un determinado producto o unidad de carga, indicado habitualmente en el embalaje por el fabricante.

rampa modular

Estructura metálica provista de una superficie de rodadura antideslizan-

Palé rodante.

Rampa modular con sistema hidráulico.

te por medio de la cual las carretillas elevadoras pueden acceder a la parte trasera del camión para llevar a cabo la carga y descarga.

retractilar

Acción de envolver un envase o una unidad de carga mediante un material que puede retraerse sobre sí mismo una vez se ha extendido sobre los elementos para dotarlos de una mayor protección. En ocasiones, el retractilado sirve para agrupar y unitizar diversas cargas en una unidad de carga mayor. Habitualmente, se utiliza lámina de plástico en bobina o en forma de bolsa que se contrae al contacto con un chorro de aire caliente. El retractilado proporciona cierta seguridad contra las sustracciones, los impactos accidentales, las inclemencias del tiempo, las mojaduras y las humedades.

tara

Peso de un vehículo en vacío, con sus dotaciones de recambios, combustible, accesorios y herramientas necesarias para su operatividad, sin personal de servicio ni carga.

transpalé

Elemento de manutención de tracción manual que permite el arrastre de palés y plataformas mediante una pequeña elevación, ayudada por un dispositivo hidráulico, que la separa del suelo. Dispone de horquillas sobre las que se pueden adaptar dispositivos para mover distintos tipos de cargas, como bidones, bobinas, etc.

*Descarga de un vehículo
con transpalé eléctrico.*

ubicación

Acción y efecto de situar o instalar un bulto o unidad de carga en determinado espacio o lugar de un almacén, mediante asignación (automática o manual). Se utilizan tres sistemas de ubicación:

- Método de hueco libre o caótico.
- Método de localización o posición fija.
- Método semialeatorio.

ubicación ABC

Método de ubicación de mercancías en un almacén, donde el espacio se ha segmentado en tres o más áreas, de acuerdo con el desplazamiento (distancia/tiempo) que es necesario realizar hasta el punto de aprovisionamiento para minimizar el tiempo empleado en los recorridos.

unitización

Proceso de agrupamiento de diversas unidades de carga fraccionada o ítems individuales en una unidad única (palés o contenedores, por ejemplo), compacta, reforzada y provista de elementos (flejes, listones, asas, etc.) que faciliten su manejo, traslado y almacenamiento de forma homogénea, sistematizada y segura.

Colección: Biblioteca de logística
Director: David Soler

Carretilla frontal contrapesada.
Normas de uso y seguridad
1.ª edición, 2012
2.ª edición 2015

© 2012, 2015 ICG Marge, SL
Textos normas: IFTEM Almacenática, SL
Glosario: David Soler
Ilustraciones: Helena Ruiz

Edita: Marge Books
Avda. Alcalde Moix, 28
08207 Sabadell (Barcelona)
Tel. 931 429 486 - marge@margebooks.com
www.margebooks.com

Gestión editorial: Hèctor Soler
Edición: Alba Megías
Compaginación: Mercedes Lara
Impresión: Servicecom (Alcalá de Henares, Madrid)

ISBN: 978-84-15340-49-2
Depósito Legal: B-14987-2015

Procedencia de las ilustraciones:

Archivo Marge Books, 47b, 53, 55a, 56
BG Logistics, 47a
CC: alzi_800, 45b; Axisadman, 45a
Harlo Corporate, 51
Hyster, 50
International Shipping Worldwide Export, 44
Mecalux, 49b
MS Metalsystem SL, 55b
MRW, 49a
Saur, 46
Subox, 54
The Container Traders, 48

Crédito documentario. Guía para el éxito en su gestión
Cristina Peña Andrés, Amelia de Andrés Leal

Guía práctica de las reglas Incoterms® 2010
David Soler

Certificación Lean Six Sigma Green Belt para la excelencia en los negocios
Lean Six Sigma Institute, SC

Certificación Lean Six Sigma Yellow Belt para la excelencia en los negocios
Lean Six Sigma Institute, SC

Negociación intercultural. Estrategias y técnicas de negociación internacional
Domingo Cabeza, Pelayo Corella, Carlos Jiménez

Las reglas Incoterms® 2010. Manual para usarlas con eficacia
Alfonso Cabrera Cánovas

Regímenes aduaneros económicos y procesos logísticos en el comercio internacional
Pedro Coll

Inglés náutico normalizado para las comunicaciones marítimas
José Manuel Díaz Pérez

Shipping & Commercial Case Law
Albert Badia

Gestión medioambiental en la industria
José M.ª Suris

Gestión financiera del comercio internacional
Josep M.ª Casadejús

Personalización masiva
Blas Gómez

Manual de gestión aduanera. Normativas del comercio internacional y modelos de integración económica
Pedro Coll

Los abordajes en la mar
Carlos F. Salinas

El desorden sanitario tiene cura. Desde la seguridad del paciente hasta la sostenibilidad del sistema sanitario con la gestión por procesos
Rajaram Govindarajan

Gestión y liderazgo en una empresa de seguros
Simón Mahfoud y Digna Peña

Avda. Alcalde Moix, 28 – 08207 Sabadell (Barcelona) – Tel. +34-931 429 486 – marge@margebooks.es – www.margebooks.es

www.ingramcontent.com/pod-product-compliance
Lightning Source LLC
LaVergne TN
LVHW021003200726
843506LV00012B/2136